BEI GRIN MACHT SICH IHR WISSEN BEZAHLT

- Wir veröffentlichen Ihre Hausarbeit, Bachelor- und Masterarbeit
- Ihr eigenes eBook und Buch - weltweit in allen wichtigen Shops
- Verdienen Sie an jedem Verkauf

Jetzt bei www.GRIN.com hochladen und kostenlos publizieren

Die emotionale und kognitive Wirkung von Musik

Welchen Einfluss hat die Musik auf unsere Produktivität und Stimmung?

Frank Lindecke-Klein

Bibliografische Information der Deutschen Nationalbibliothek:

Die Deutsche Nationalbibliothek verzeichnet diese Publikation in der Deutschen Nationalbibliografie; detaillierte bibliografische Daten sind im Internet über http://dnb.d-nb.de abrufbar.

ISBN: 9783389094693
Dieses Buch ist auch als E-Book erhältlich.

© GRIN Publishing GmbH
Trappentreustraße 1
80339 München

Alle Rechte vorbehalten

Druck und Bindung: Books on Demand GmbH, Norderstedt Germany
Gedruckt auf säurefreiem Papier aus verantwortungsvollen Quellen

Das vorliegende Werk wurde sorgfältig erarbeitet. Dennoch übernehmen Autoren und Verlag für die Richtigkeit von Angaben, Hinweisen, Links und Ratschlägen sowie eventuelle Druckfehler keine Haftung.

Das Buch bei GRIN: https://www.grin.com/document/1522467

Hamburger Fern-Hochschule

Psychologie (B.Sc.)

Studienzentrum: Hamburg

Individuelle emotionale Wirkung von Musik und Einfluss auf Produktivität im Arbeitsumfeld der Softwareentwicklung

Modul: Allgemeine Psychologie II

Frühjahrssemester 2024

von

Frank Lindecke-Klein

Abgabedatum: 10. August 2024

Inhaltsverzeichnis

1	Einleitung	3
2	**Theoretische Grundlagen**	4
2.1	Erregungs- und Stimmungs-Hypothese	4
2.2	Theorie der affektiven Ereignisse	5
3	**Musik, Emotion, Stimmung und Zufriedenheit**	6
4	**Musik und Emotion in der Softwareentwicklung**	8
5	**Diskussion & Fazit**	9
	Literaturverzeichnis	11

Anhang

Hinweis: Zur besseren Lesbarkeit wird in dieser Hausarbeit das generische Maskulinum verwendet. Die in dieser Arbeit verwendeten Personenbezeichnungen beziehen sich – sofern nicht anders kenntlich gemacht – auf alle sozialen Geschlechter.

1 Einleitung

Musik begleitet den Menschen seit mindestens 35 000 - 45 000 Jahren. Funde von Flöten aus Elfenbein oder dem Flügelknochen eines Schwans (Geißenklösterle-Flöte) in Deutschland belegen dies (Conard et al., 2009, S. 1, 4; Altenmüller, 2018, S. 40). Im antiken Griechenland galt Musik als Geschenk der Götter und Musen an die Menschen. Sie ermöglichte einen seelisch-emotionalen Ausdruck sowie Verbindung zum Jenseits und Göttlichen. Unser heutiger Begriff der Musik ist vom griechischen μουσικά (griech. *mousika*, musikalisch) abgeleitet (Altenmüller, 2018, S. 2–3).

Babys erfahren Musik, beispielsweise in Form von Wiegenlieder, als beruhigend, und Musik kann tranceähnliche Zustände hervorrufen. Der Genuss von Musik kann das Wohlbefinden steigern und Glücksgefühle auslösen (Altenmüller, 2018, S. 462; Rötter & Reinhardt, 2016, S. 4).

Selbst am Arbeitsplatz wird Hintergrundmusik eine positive Wirkung zugeschrieben (Rötter & Reinhardt, 2016, S. 4). So erwähnt Bjarne Stroustrup, Erfinder der Programmiersprache C++, in einem Interview dass er Musik hört, während er Software entwickelt und programmiert (Big Think, 2011, 1:43-2:42).

Das Phänomen „Musikhören während des Programmierens" konnte der Autor dieser Arbeit in seiner Tätigkeit als Softwareentwickler bei sich selbst und anderen ebenso wahrnehmen. Personen nutzen Musik zur Abschottung, jedoch nur dann, wenn diese nicht als störend empfunden wurde (UXMA-Mitarbeiter, persönliche Mitteilung, Feb. 2024). Dies führt zu der Fragestellung dieser Arbeit:

> Welchen Einfluss hat das Hören von Musik auf Emotionen und Arbeitsergebnisse im Umfeld der Softwareentwicklung?

Im Rahmen dieser Arbeit soll der Zusammenhang zwischen dem Hören von Musik und subjektiven Parametern, wie Emotionen und Zufriedenheit sowie objektiven Parametern wie Produktivität und Arbeitsergebnisse betrachtet werden. Daher werden für das Verständnis dieser Arbeit Begriffe aus der Emotions-, Motivations- und Musikpsychologie eingeführt. Zunächst werden für die Fragestellung relevante Theorien erläutert. Im zweiten Teil werden Studien zum Einfluss von Musik auf Stimmungen und Emotionen sowie deren Zusammenhang zur kognitiven Leistung und Produktivität, u.a. im Bereich der Softwareentwicklung, dargestellt. Abschließend erfolgt die Diskussion der Forschungsergebnisse und ein Fazit.

2 Theoretische Grundlagen

Das subjektive Erleben von Musik wird in der Musikpsychologie als *Musikrezeption* bezeichnet (Loepthien & Wolf, 2021b, S. 1244) und grenzt sich damit von der *Musikwahrnehmung* (Wolf & Loepthien, 2021, S. 1244–1245) als rein auditorische Aufnahme und Verarbeitung von musikalischen Stimuli ab.

Unter *Musikpräferenz* versteht man die individuelle Struktur von situativen, musikalischen Vorlieben oder auch die Einstellungen zu Musikkünstlern oder Musikstilen (Loepthien & Wolf, 2021a, S. 1243–1244).

Der Begriff *Stimmung* (engl. *mood*) erfasst die subjektive Komponente von Emotionen, sozusagen die Erlebnis*qualität*. Stimmung bezeichnet einen relativ lang anhaltenden, dimensional positiven (glücklich, zufrieden) oder negativen (traurig, ärgerlich) emotionalen Zustand einer Person (Neumann, 2022, S. 1760).

Ein *Erregungsniveau* (engl. *arousal*) ist ein dimensional hohes (aufgeregt, gestresst) oder niedriges (entspannt, schläfrig) allgemeines Aktivierungsniveau des Nervensystems. Dieses stellt sich durch bestimmtes Maß an Aufmerksamkeit und Wachheit dar („Arousal", 2016, S. 210).

2.1 Erregungs- und Stimmungs-Hypothese

Die Erregungs- und Stimmungs-Hypothese (engl. *arousal-and-mood hypothesis*, abgekürzt AMH) von Husain, Thompson und Schellenberg besagt: *Musikrezeption wirkt sich auf Stimmung und Erregungsniveau aus. Diese wiederum beeinflussen zahlreiche kognitive Fähigkeiten* (Husain et al., 2002, S. 153). Die Hypothese stützt sich dabei auf mehrere Bausteine, auf die hier kurz eingegangen werden soll.

(1) *Stimmung beeinflusst kognitive Funktionen und Leistungsfähigkeit*. Zu den kognitiven Funktionen gehören u.a. Kategorisierung, komplexe Entscheidungsfindung und kreatives Problemlösen. Interventionen, die zu einer positiven Stimmung führen (z.B. Schokolade bekommen), verbessern kognitive Funktionen signifikant mehr als Interventionen, die zu neutralen Stimmungen führen (Isen & Daubman, 1984; Isen, Niedenthal, & Cantor, 1992; Khan & Isen, 1993; zit. n. Husain et al., 2002, S. 154). Im Gegensatz dazu können Langeweile und negative Stimmungen zu schlechten Leistungen führen (O'Hanlon, 1981; zit. n. Husain et al., 2002, S. 154).

(2) *Das Erregungsniveau beeinflusst die Leistungsfähigkeit*. Nach dem Yerkes-Dodson-Gesetz (Yerkes & Dodson, 1908, o.S.) wird eine umgekehrt U-förmige Beziehung zwischen der Stärke des Erregungsniveau und der kognitiven Leistung pos-

tuliert. Bei einem mittleren Erregungsniveau ist die Leistung optimal, wohingegen Leistungsabfall mit hohem bzw. niedrigem Erregungsniveau korreliert.

(3) *Veränderungen im Tongeschlecht (Moll, Dur) beeinflussen die Stimmung.* Damit ist das Tongeschlecht ein verlässlicher Indikator für Stimmung (Peretz et al., 1998; Wedin, 1972; zit. n. Husain et al., 2002, S. 156).

(4) *Tempomanipulation (langsam, schnell) rufen Veränderungen der Erregung hervor.* Diese Veränderungen werden mit Aktivität, Aufregung, Überraschung assoziiert. Das Musiktempo korreliert positiv mit dem Erregungsniveau der Probanden (Gabrielsson & Lindström, 2001; Scherer & Oshinsky, 1977; Thompson & Robitaille, 1992; zit. n. Husain et al., 2002, S. 156).

In einer einer gemeinsamen Studie wurden Probanden untersucht, denen genau ein Musikstück in einem Tongeschlecht (Moll, Dur) und einem Tempo (langsam, schnell) vorgespielt wurde. In allen vier Gruppen wurden räumliche Fähigkeiten, das Erregungsniveau und die Stimmung erfasst (Husain et al., 2002, S. 159).

Es ergaben sich folgende Ergebnisse: (A) Schnelle Musik ging mit erhöhtem Erregungsniveau einher, während langsame Musik dieses senkte. (B) Musikstücke in Dur erzeugten positive Stimmungszustände, während Moll negative Stimmungsschwankungen verursachte (Husain et al., 2002, S. 165). Veränderungen von Tempo und Tongeschlecht beeinflussen also sowohl das Erregungsniveau als auch Stimmungszustände. (C) Diese wiederum wirken sich auf die Leistungsfähigkeit der Person bei nicht-musikalischen Aufgaben aus (Husain et al., 2002, S. 168).

Daraus lässt sich die Hypothese ableiten, dass *die Wirkung von Musikrezeption auf kognitive Leistung über Veränderungen in Stimmung und Erregung vermittelt wird* (Husain et al., 2002, S. 166).

2.2 Theorie der affektiven Ereignisse

Weiss und Cropanzano veröffentlichten 1996 die Theorie der affektiven Ereignisse (engl. *affective-events theory*, AET), deren Grundannahme wie folgt ist: *Die Arbeitszufriedenheit einer Person entsteht sowohl über einen kognitiv als auch einen affektiv geprägten Weg* (Weiss & Cropanzano, 1996, S. 10–13). In diesem Zusammenhang wird Zufriedenheit als ein wertendes Urteil über die eigene Arbeit verstanden, welches sich sowohl aus der affektiven Erfahrung und den Glaubensstrukturen ergibt (Weiss & Cropanzano, 1996, S. 2). Zufriedenheit wird damit nur teilweise von Emotionen durch einen Beurteilungsprozess beeinflusst.

Nach dieser Theorie wird das Verhalten einer Person durch Ereignisse und Merkmale des Arbeitsplatzes über die Zufriedenheit vermittelt. Diese entsteht aus einer Bewertung, die sowohl durch affektives Erleben als auch durch Glaubensstrukturen geprägt ist und im Folgenden kurz dargestellt wird (die Zahlen in Klammern bezeichnen die Wirkungspfeile in der Abbildung Anhang A.1)

Positive oder negative Ereignisse wirken sich unmittelbar auf die affektive Reaktion aus (1). Beispielsweise kann ein Lob Freude oder Stolz auslösen und somit zu einer positiven Stimmung beitragen. Andererseits kann die Nachricht einer schwierigen Firmensituation evtl. Angst vor Jobverlust oder Frustration und damit eine schlechte Laune hervorrufen. Die Häufigkeit positiver und negativer Affekte (Fluktuation der Affektstärken) führt offensichtlich zu einer positiveren oder negativeren Zufriedenheit (2). Merkmale eines Jobs wie Autonomie oder Bezahlung haben direkten Einfluss auf die Zufriedenheit. Über den kognitiven Weg (3) werden die tatsächlichen Job-Merkmale mit einem theoretischen Sollwert verglichen. Je mehr beide Werte übereinstimmen, umso höher ist die Zufriedenheit. Beispielsweise kann ein Mangel an Autonomie zu Unzufriedenheit führen. Job-Merkmale können auch die Häufigkeit von Ereignissen beeinflussen (4). So kann Autonomie die Wahrscheinlichkeit von Erfolgserlebnissen erhöhen, was auf affektiver Ebene (1, 2) die Zufriedenheit steigert. Personen unterscheiden sich in ihrer grundsätzlichen Affektivität (ein Persönlichkeitsmerkmal). Damit hat die Persönlichkeit einer Person einen direkten Einfluss auf deren Affekte (5). Außerdem beeinflusst die Persönlichkeit, wie stark sich Ereignisse auf einen Affekt auswirken (6). Beispielsweise beeinflussen emotionale Stabilität und Selbstwertgefühl den Umgang mit Stress bei sensiblen Personen (Ilies et al., 2007, S. 602–603; Weggc ct al., 2006, S. 247). Affektbasiertes Verhalten (7) entsteht kurzfristig durch Emotionen und Stimmungen, während des urteilsbasierte Verhalten (8) auf einer längerfristigen Bewertung basiert.

3 Musik, Emotion, Stimmung und Zufriedenheit

Koelsch (2020, Abschnitt 4.2) betont den belohnenden Charakter von Musikrezeption. Bei der Darbietung von musikalischen Stimuli werden spezifische Gehirnbereiche aktiviert, darunter die Amygdala, der Hippocampus und der auditorische Cortex, insbesondere Strukturen des Belohnungsnetzwerks, wie das Striatum, der anteriore cinguläre Cortex, der orbitofrontale Cortex sowie der sekundäre somatosensorische Cortex. Der auditorische Cortex fungiert als Drehscheibe emotionaler Reaktionen auf musikalische Stimuli, während der Hippocampus an bindungsbezogenen Emotionen und sozialen Bindungen beteiligt ist (Koelsch, 2020, Abschnitte 4.1-4.4).

Musik wurde eine stressmindernde Wirkung nachgewiesen. Akimoto et al. (2018, S. 1159, 1167) etwa zeigten, dass Musik im Frequenzbereich von 528 Hz zu einer signifikanten Abnahme von Cortisol und einer Zunahme von Oxytocin führte. Die Resultate deuten darauf hin, dass Musik, je nach Frequenz, unterschiedlich auf das autonome Nervensystem sowie das endokrine System wirkt. Besonders Musik mit 528 Hz zeigt eine ausgeprägte stressreduzierende Wirkung, während dieser Effekt bei 440 Hz nicht nachgewiesen werden konnte. Ein Beispiel für 582 Hz-Musik findet sich im Musikstück „OM Chanting @ 528Hz" (Meditative Mind, 2016, o.S.).

Die Beweggründe für das Musikhören sind vielfältig. Hauptsächlich dient Musik zur Regulierung von Erregung und Stimmung sowie zur Selbstwahrnehmung (engl. *self-awareness*). Soziale Bindungsaspekte spielen dabei eine untergeordnete Rolle (Schäfer et al., 2013, S. 6).

Im Rahmen einer Untersuchung zur Musikrezeption mit dem Mobiltelefon über Kopfhörer fanden Kuch und Wöllner (2021, S. 1, 10) heraus, dass Musik zur Stimmungsverbesserung, Entspannung sowie Vermeidung von Langeweile verwendet wird. Die immersive Wirkung der Musik ging mit einer Anpassung der eigenen Stimmung und einer akustischen und geistigen Distanz zur aktuellen Umgebung einher. Aufmerksamkeit, Wahrnehmung, Stimmung und Emotionen veränderten sich in eine positive Richtung, was zu einer Verbesserung der täglichen Lebenserfahrung führte.

Gezielt eingesetzte Musik kann die Zufriedenheit und Leistungsfähigkeit über die Emotionalität positiv beeinflussen. Die emotionale Nutzung zeigt sich durch Veränderungen in der Stimmung (positiv, negativ), des emotionalen Zustands (vgl. Kap. 2.1) oder durch das Hervorrufen von Freude an einer Emotion, die nicht zwingend positiv sein muss (Sanseverino et al., 2022, S. 4). Ein direkter und indirekter Einfluss von gezielt eingesetzter Musik auf Zufriedenheit und Leistungsfähigkeit wird sichtbar (vgl. Kap. 2.2). Die Ergebnisse deuten an, dass die Rezeption von Musik, die bestimmte Emotionen hervorruft, zu einer positiveren Sichtweise auf die eigene Arbeit und Tätigkeiten führen kann (Sanseverino et al., 2022, S. 7, 8).

Musik wird nicht immer aktiv konsumiert. Das Hören von Musik ohne Ablenkung durch anderen Tätigkeiten nennt man *Hintergrundnutzung* (Sanseverino et al.,

2022, S. 4). Sanseverino et al. (2022, S. 9) deuten an, dass Hintergrundnutzung die Leistungsfähigkeit bzw. Produktivität per se nicht beeinträchtigt. Eine positive Auswirkung auf Zufriedenheit bzw. Leistungsfähigkeit konnte jedoch nicht festgestellt werden.

Kiss und Linnell (2024, S. 16) untersuchten in ihrer Studie die Wirkung von präferierter Hintergrundmusik auf Aufmerksamkeitszustand, Leistung, Stimmung und Erregung, und zwar in einem störenden Umfeld. Die Ergebnisse zeigten, dass die Hintergrundmusik das Abschweifen der Gedanken reduziert, die Fokussierung auf Aufgaben erhöht und gleichzeitig jedoch auch die Zustände äußerer Ablenkung verstärkt. Positive Stimmung und subjektive Erregung nahmen ebenso zu. Die Wirkung der Musik auf den Aufmerksamkeitszustand wird sowohl über positive Stimmung als auch subjektive Erregung (getrennt und zusammen) vermittelt, indem sie das Gleichgewicht zwischen umherschweifenden Gedanken und fokussierter Aufmerksamkeit beeinflussen.

4 Musik und Emotion in der Softwareentwicklung

Lesiuk (2005) untersuchte die Auswirkungen von Musik auf die Tätigkeit der Softwareentwicklung. Die Teilnehmer (15 Frauen und 41 Männer im Alter von 19 bis 55 Jahren) hörten drei Wochen lang u.a. ihre Lieblingsmusik. In der vierten Woche wurde das Musikhören untersagt, während es in der in der fünften Woche wieder erlaubt war (Lesiuk, 2005, S. 179). Die Arbeitsqualität verschlechterte sich in der vierten Woche erheblich und verbesserte sich in der fünften Woche wieder. Ohne Musik erlebten die Teilnehmer die Arbeitsqualität als am niedrigsten, und sie benötigten mehr Zeit für ihre Aufgaben. Mit Musik hingegen berichteten sie von einer signifikanten Stimmungsverbesserung (Lesiuk, 2005, S. 187).

Emotionen, sowohl negativ als auch positiv, können die Produktivität im Software-Entwicklungsprozess beeinflussen. So erforschte etwa Wróbel (2013, S. 518) Art, Häufigkeit und Einfluss konkreter Emotionen im Entwicklungsprozess. Als theoretische Grundlage diente die Theorie der affektiven Ereignisse (vgl. Kap. 2.2). Die Ergebnisse zeigten, dass empfundene Frustration häufig als störend wahrgenommen wurde und somit ein Risiko für die Produktivität darstellt. Im Gegensatz dazu wurde Wut gelegentlich als produktivitätsfördernd bewertet. Begeisterung wurde von den Teilnehmern oft erlebt und hatte den größten positiven Einfluss auf die Produktivität (Wróbel, 2013, S. 522–523).

Die Software-Industrie bemüht sich um die Zufriedenheit von Entwicklern, da angenommen wird, dass zufriedene und glückliche Entwickler vermeintlich produktiver sind und leichter im Betrieb gehalten werden können (Graziotin & Fagerholm, 2019, S. 109). Glücklich zu sein bedeutet, wiederholt positive Erfahrungen zu machen, die zu positiven Emotionen führen. Unglücklich zu sein bedeutet das Gegenteil: Häufige negative Erfahrungen führen zu negativen Emotionen. Glück wird damit als Unterschied oder Balance zwischen positiven und negativen Erfahrungen bezeichnet (Graziotin & Fagerholm, 2019, S. 110). Graziotin und Fagerholm argumentieren, dass Kompetenzgefühle und Freude an der Programmierarbeit positiv mit der Produktivität korrelieren (Graziotin & Fagerholm, 2019, S. 120). Zufriedene und glückliche Entwickler begehen weniger Fehler, erkennen Lösungen leichter und stellen neue Verbindungen her, um die Qualität des Codes zu verbessern. Dies führt dazu, dass der Code sauberer, lesbarer, besser getestet wird und weniger Fehler aufweist (Graziotin & Fagerholm, 2019, S. 119, 120). Glücklich zu sein und Zufriedenheit zu empfinden, korreliert somit mit der Arbeitsqualität.

In einer Studie mit 20 Informatikstudenten, die in fünf Projekten involviert waren, stellten Khan und Saleh (2021) fest, dass positive Emotionen wie Freude, Optimismus und Interesse Indikatoren für gute Arbeitsergebnisse sind, während Ablenkung und negative Emotionen wie Wut und Langeweile die Ergebnisse negativ beeinflussen (Khan & Saleh, 2021, S. 110204). Allerdings lässt sich nicht allgemein sagen, dass positive Emotionen immer zu guten Ergebnissen führen und negative Emotionen stets schädlich sind. Freude über ein positives Ereigniss kann dazu führen, dass die Empfindung der Freude so sehr von der Arbeit ablenkt, dass die Arbeitsergebnisse teilweise fehlerhaft sind (Khan & Saleh, 2021, S. 110204). Umgekehrt kann Ärger über eine Situation zu einem „Jetzt erst Recht"-Verhalten führen, das positive Ergebnisse erzielt (Khan & Saleh, 2021, S. 110205). Diese Befunde stimmen mit den Ergebnissen von Wróbel (2013, S. 522–523) überein.

5 Diskussion & Fazit

Musik hat einen vielfältigen Einfluss auf Emotionen im Arbeitsprozess und wird schon früh im Bereich der Softwarentwicklung genutzt (Lesiuk, 2005, S. 174; Big Think, 2011, 1:43-2:42; Altenmüller, 2018, S. 40, 462). Sie kann dazu beitragen, sich von der Umwelt abzuschirmen und eine individuelle *Hörblase* erzeugen (Kuch & Wöllner, 2021, S. 10). Dies kann für Entwickler wichtig sein, um den Flow nicht zu unterbrechen (Graziotin & Fagerholm, 2019, S. 116), um äußere störende Ereignisse und deren Wirkung auf den emotionalen Zustand zu minimieren (vgl. Kap. 2.2).

Die Musikrezeption kann die kognitiven Fähigkeiten, insbesondere die Fokussierung auf die Arbeit, verbessern. Selbst ausgewählte Hintergrundmusik hat eine affektive und stimmungsverändernde Wirkung (Koelsch, 2020, Abschnitt 4) und kann die Produktivität steigern (Sanseverino et al., 2022, S. 4, 9; Kiss & Linnell, 2024, S. 16; Rötter & Reinhardt, 2016, S. 4). Entscheidend ist, dass Musik eine regulative Wirkung auf Emotionen ausübt und damit positiv zur Stressbewältigung beitragen kann (Schäfer et al., 2013, S. 6; Akimoto et al., 2018, S. 1167; Kuch & Wöllner, 2021, S. 1, 10). Positive Emotionen, ausgelöst durch Musik, können glückliche Momente schaffen, was wiederum die Wahrscheinlichkeit für gute Arbeitsergebnisse erhöht (Khan & Saleh, 2021, S. 110204).

Die Erregungs- und Stimmungs-Hypothese (vgl. Kap. 2.1) erklärt in Kombination mit der Theorie der affektiven Ereignisse (vgl. Kap. 2.2) den Einfluss von äußeren Störungen auf Zufriedenheit und Abschirmungsverhalten. Musik dient hierbei dazu, Störungen zu minimieren und das Sichabschirmen von der Umwelt zu erleichtern. Dies kann zu einer Steigerung von Aufmerksamkeitsfokussierung und somit zu einem Erleben von *„[…] tanzenden Fingern, die den Rest des Tages fehlerfreie Codezeilen raushauen […]"* (Graziotin & Fagerholm, 2019, S. 116) führen.

Zusammenfassend lässt sich der korrelative Zusammenhang zwischen Musik und positiven Arbeitsergebnissen nach aktuellem Kenntnisstand vor allem durch die Kombination und Interaktion mit anderen Variablen, wie äußeren Ereignissen, Fähigkeiten und Emotionen, erklären. Der spezifische Einfluss von Musik unter dem Einfluss von externe Ereignissen, und somit auf Zufriedenheit und Arbeitsergebnisse, muss noch weiter erforscht werden.

Eine Empfehlung für das Musikhören während der Arbeit zu geben oder auszuschließen, ist aufgrund der vielfältigen individuellen Faktoren, welche die Wirkung beeinflussen, nicht möglich. Wenn die Person mit dem Musikhören jedoch vertraut ist, kann dies zum Sichabschirmen, zur Fokussierung oder Affektregulation genutzt werden, insbesondere wenn die Musik der eigenen Präferenz entspricht. Abschließend sei gesagt, dass der Autor, während der Arbeit und Erstellung dieser Hausarbeit, Musik in Dauerschleife hörte, und sich damit besser auf die Tätigkeiten fokussieren konnte (Meditative Mind, 2016, 0:0:0-3:20:0).

Literaturverzeichnis

Akimoto, K., Hu, A., Yamaguchi, T., & Kobayashi, H. (2018). Effect of 528 Hz Music on the Endocrine System and Autonomic Nervous System. *Health, 10*, 1159–1170. https://doi.org/10.4236/health.2018.109088.

Altenmüller, E. (2018). *Vom Neandertal in die Philharmonie*. Springer Berlin Heidelberg. https://doi.org/10.1007/978-3-8274-2186-9.

Arousal. (2016, 20. Mai). In M. A. Wirtz (Hrsg.), *Dorsch Lexikon Der Psychologie* (20. Aufl., S. 210). Hogrefe. https://dorsch.hogrefe.com/stichwort/arousal [12. Juli 2024].

Big Think (Hrsg.). (2011, 10. Juni). *Bjarne Stroustrup: How to Code Like Bjarne Stroustrup | Big Think* [Video]. https://youtu.be/tj8BoOYvo00?t=113 [6. Oktober 2023].

Conard, N., Malina, M., & Münzel, S. (2009). New flutes document the earliest musical tradition in southwestern Germany. *Nature, 460*, 737–740. https://doi.org/10.1038/nature08169.

Graziotin, D., & Fagerholm, F. (2019). Happiness and the Productivity of Software Engineers. In C. Sadowski & T. Zimmermann (Hrsg.), *Rethinking Productivity in Software Engineering* (S. 109–124). Apress. https://doi.org/10.1007/978-1-4842-4221-6_10.

Husain, G., Thompson, W. F., & Schellenberg, E. G. (2002). Effects of Musical Tempo and Mode on Arousal, Mood, and Spatial Abilities. *Music Perception, 20*(2), 151–171. https://doi.org/10.1525/mp.2002.20.2.151.

Ilies, R., De Pater, I. E., & Judge, T. (2007). Differential Affective Reactions to Negative and Positive Feedback, and the Role of Self-Esteem. *Journal of Managerial Psychology, 22*(6), 590–609. https://doi.org/10.1108/02683940710778459.

Khan, K. M., & Saleh, M. (2021). Understanding the Impact of Emotions on the Quality of Software Artifacts. *IEEE Access, 9*, 110194–110208. https://doi.org/10.1109/ACCESS.2021.3102663.

Kiss, L., & Linnell, K. J. (2024). The role of mood and arousal in the effect of background music on attentional state and performance during a sustained attention task. *Scientific Reports, 14*(1), 9485. https://doi.org/10.1038/s41598-024-60218-z.

Koelsch, S. (2020). A Coordinate-Based Meta-Analysis of Music-Evoked Emotions. *NeuroImage*, *223*, 117350. https://doi.org/10.1016/j.neuroimage.2020.117350.

Kuch, M., & Wöllner, C. (2021). On the Move: Principal Components of the Functions and Experiences of Mobile Music Listening. *Music & Science*, *4*, 1–14. https://doi.org/10.1177/20592043211032852.

Lesiuk, T. (2005). The effect of music listening on work performance. *Psychology of Music*, *33*(2), 173–191. https://doi.org/10.1177/0305735605050650.

Loepthien, T., & Wolf, A. (2021a, 9. März). Musikpräferenzen. In M. A. Wirtz (Hrsg.), *Dorsch Lexikon der Psychologie* (20. Aufl., S. 1243–1244). Hogrefe. https://dorsch.hogrefe.com/stichwort/musikpraeferenzen [7. Juli 2024].

Loepthien, T., & Wolf, A. (2021b, 16. November). Musikrezeption. In M. A. Wirtz (Hrgs.), *Dorsch Lexikon der Psychologie* (20. Aufl., S. 1244). Hogrefe. https://dorsch.hogrefe.com/stichwort/musikrezeption [7. Juli 2024].

Meditative Mind (Hrsg.). (2016, 17. August). *OM Chanting @ 528Hz* [Video]. https://www.youtube.com/watch?v=LMmuChXra_M [9. April 2024].

Neumann, R. (2022, 10. Oktober). Stimmung. In M. A. Wirtz (Hrsg.), *Dorsch Lexikon Der Psychologie* (20. Aufl., S. 1760). Hogrefe. https://dorsch.hogrefe.com/stichwort/stimmung [12. Juli 2024].

Rötter, G., & Reinhardt, J. (2016). Musik am Arbeitsplatz. In G. Rötter (Hrsg.), *Handbuch Funktionale Musik: Psychologie – Technik – Anwendungsgebiete* (S. 1–13). Springer Fachmedien. https://doi.org/10.1007/978-3-658-14362-6_8-1.

Sanseverino, D., Caputo, A., Cortese, C., & Ghislieri, C. (2022). "Don't Stop the Music," Please: The Relationship between Music Use at Work, Satisfaction, and Performance. *Behavioral Sciences*, *13*(1), 15. https://doi.org/10.3390/bs13010015.

Schäfer, T., Sedlmeier, P., Städtler, C., & Huron, D. (2013). The Psychological Functions of Music Listening. *Frontiers in psychology*, *4*, 511. https://doi.org/10.3389/fpsyg.2013.00511.

Wegge, J., Dick, R. van, Fisher, G. K., West, M. A., & Dawson, J. F. (2006). A Test of Basic Assumptions of Affective Events Theory (AET) in Call Centre Work1. *British Journal of Management*, *17*(3), 237–254. https://doi.org/10.1111/j.1467-8551.2006.00489.x.

Weiss, H. M., & Cropanzano, R. (1996). Affective Events Theory: A Theoretical Discussion of The Structure, Cause and Consequences of Affective Experiences at Work. In *Research in organizational behavior: An annual series of analytical essays and critical reviews, Vol. 18* (S. 1–74). Elsevier Science/JAI Press.

Wolf, A., & Loepthien, T. (2021, 16. November). Musikwahrnehmung. In M. A. Wirtz (Hrsg.), *Dorsch Lexikon der Psychologie* (20. Aufl., S. 1244–1245). Hogrefe. https://dorsch.hogrefe.com/stichwort/musikwahrnehmung [7. Juli 2024].

Wróbel, M. (2013). Emotions in the Software Development Process. *2013 6th International Conference on Human System Interactions (HSI)*, 518–523. https://doi.org/10.1109/HSI.2013.6577875.

Yerkes, R. M., & Dodson, J. D. (1908). The Relation of Strength of Stimulus to Rapidity of Habit-Formation, 459–482. https://web.archive.org/web/20160112161928/http://www.viriya.net/jabref/the_relation_of_strength_of_stimulus_to_rapidity_of_habit-formation.pdf [13. Juli 2024].

Anhang A Theorie affektiver Ereignisse - Affective Events Theory

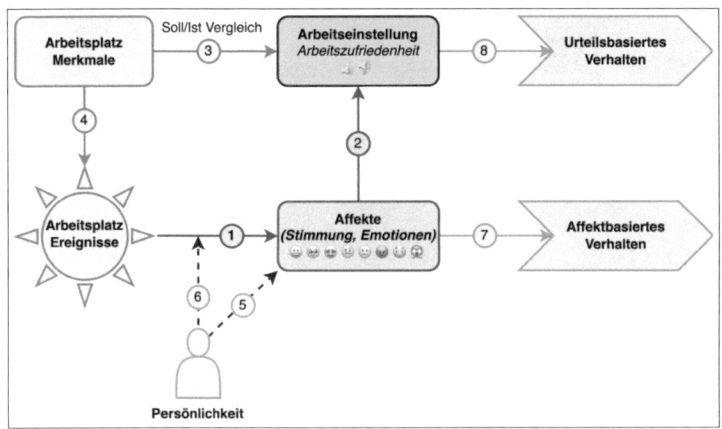

Abbildung Anhang A.1: *Die Theorie affektiver Ereignisse (engl.* Affective Events Theory, *AET) (in Anlehnung an Weiss & Cropanzano, 1996, S. 12); Erklärung in Abschnitt 2.2, Seite 6*

BEI GRIN MACHT SICH IHR WISSEN BEZAHLT

- Wir veröffentlichen Ihre Hausarbeit, Bachelor- und Masterarbeit

- Ihr eigenes eBook und Buch - weltweit in allen wichtigen Shops

- Verdienen Sie an jedem Verkauf

Jetzt bei www.GRIN.com hochladen und kostenlos publizieren